Vente du Mardi 13 Mai 1884

TABLEAUX

PAR

JAPY

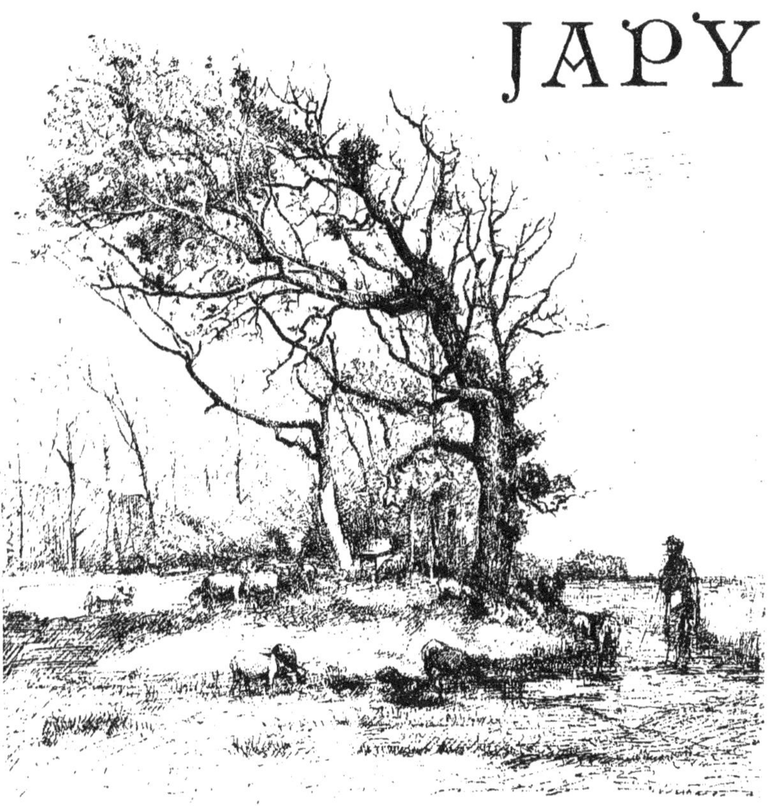

<table>
<tr><td>COMMISSAIRE-PRISEUR</td><td>EXPERT</td></tr>
<tr><td>Mᵉ Paul CHEVALLIER</td><td>M. Georges PETIT</td></tr>
</table>

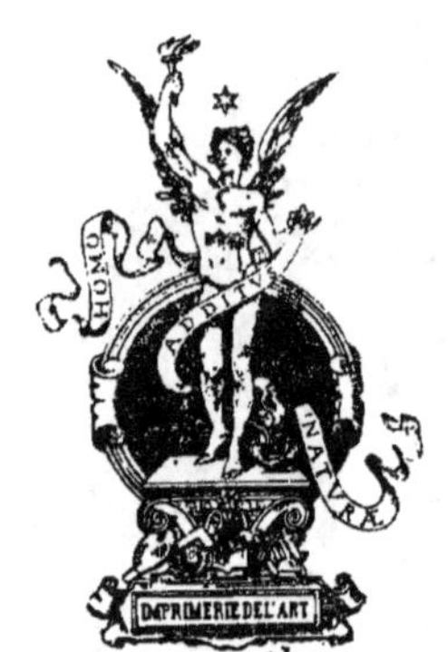

CATALOGUE

DE

TRENTE-HUIT

TABLEAUX

PAR

JAPY

DONT LA VENTE AURA LIEU

Le Mardi 13 Mai 1884, à 4 heures

COMMISSAIRE - PRISEUR	EXPERT
10, rue Grange-Batelière, 10	12, rue Godot-de-Mauroi, 12

Chez lesquels se trouve le présent catalogue.

Particulière : **le Lundi 12 Mai 1884,** DE 1 HEURE A 5 HEURES.

Publique : **le Mardi 13 (Jour de la vente),** DE 1 HEURE A 4 HEURES.

CONDITIONS DE LA VENTE

Elle sera faite au comptant.

Les adjudicataires paieront cinq pour cent en sus des enchères.

Paris. — Imprimerie de l'Art, J. Rouam, imprimeur-éditeur, 41, rue de la Victoire.

En ma qualité d'historiographe de l'Hôtel
Drouot, comme m'ont baptisé mes aimables con-
frères de la presse, M. Japy a bien voulu me
demander de le présenter au public avec lequel je
suis en relations constantes.

M. Japy n'avait certainement pas besoin d'une
introduction auprès des amateurs de bonne peinture. Tous ceux qui ont suivi nos Salons depuis
1868 le connaissent. C'est un artiste conscien-
cieux. Depuis longtemps il a fait ses preuves, et
son talent grandit chaque année suivant les règles
de la nature. Médaillé à plusieurs reprises dans
nos expositions, il n'en est pas à attendre la
récompense qui fait sortir un artiste du rang.

Avec de pareilles lettres de noblesse, dans
l'armorial de la peinture, M. Japy pouvait certainement se passer de moi.

Que voulez-vous ? M. Japy fait sa première
vente, et il redoute peut-être plus l'impression
des habitués de l'Hôtel Drouot que le verdict
du jury de peinture, devant lequel il a bien des
fois comparu.

C'est une émotion que je ne m'explique guère
quand on a, comme lui, son nom inscrit sur les
livrets des musées de Londres, de Vienne, de
Manchester, de Boston et de Washington, et

lorsqu'on peut dire hautement qu'on est représenté à Paris dans plusieurs galeries bien composées.

Mais c'est ainsi : il y a des vétérans qui franchissent de grands espaces sous une grêle de balles et qui n'osent plus dans le monde traverser un salon pour aller saluer la maîtresse de la maison.

Donc M. Japy a insisté : il s'est souvenu que, sans avoir jamais fait de Salon dans la presse quotidienne, j'avais écrit cependant ailleurs bien des pages sur les peintres et sur la peinture, et il a tenu absolument que ma plume indépendante, et qui n'a jamais été au service que de mes convictions, dise dans la circonstance mon sentiment bien sincère sur ses œuvres.

Je m'exécute avec d'autant plus de plaisir que la tâche me semble particulièrement facile, parce qu'elle m'est très agréable.

M. Japy réunit aujourd'hui trente-huit toiles dans lesquelles il a mis l'empreinte de son talent très personnel. Je les ai vues une à une dans son atelier et elles ont produit sur moi une impression profonde, et qui vibre encore.

Ce sort des plaines de Villers-Cotterets, des cours normandes, des vues agrestes de la Bretagne, des sites verdoyants pris dans la forêt de

Compiègne, des nappes d'eau paresseuse aux environs de Pierrefonds. Autant de paysages, autant de poèmes charmants. La nature a livré à l'artiste tous ses mystères dans ces rendez-vous multipliés. Il a su exprimer à merveille, d'une couleur limpide et vigoureuse, les aspects le plus variés, les gaietés du matin et les tristesses de la nuit, les genêts en fleurs et les bruyères mélancoliques, les pommiers couverts de la neige odorante du printemps et les arbres sévères au tronc noueux poussant vers le ciel leurs branches abondamment touffues, la traînée d'argent de la lune se reflétant sur les prairies, et les pétillements de la lumière dans les vallées sous les ardeurs brûlantes du soleil du midi.

Tout ce qui sort du pinceau de M. Japy est plein d'observations fines et sentimentales, tout est rendu d'une façon simple, touchante et naturelle qui ravit le regard et charme l'âme, car si M. Japy est l'élève de Français, il n'est pas de ceux qui restent toute leur vie écoliers. Il a su de bonne heure se dégager de l'influence du maître. Il est lui, et avant tout, absolument sincère. Il n'a jamais peint que ce qu'il a vu et senti en poète, observé et compris en véritable artiste.

A la recherche constante de la vérité, il n'a pas négligé le dessin dans chacune de ses créations.

Enlevez la peinture de ses tableaux, et vous trouverez des lignes, des contours parfois savants, souvent serrés, toujours conformes aux lois de la perspective, et à l'harmonie générale de son œuvre.

Et je n'avance pas cela sans preuves; car j'ai trouvé dans les cartons de cet artiste de nombreuses études à la plume faites à ses débuts et poussées jusqu'à l'extrême limite des détails. Du reste, pendant que je les regardais dans son atelier, il m'a dit un mot qui m'a charmé, et que j'ai retenu : « Le dessin est l'orthographe de la peinture. » Cela définit un homme. Aussi, je n'en sais rien, mais j'en suis sûr, les tableaux de M. Japy seront favorablement accueillis des amateurs avec lesquels il ne s'était pas mis jusqu'ici en contact direct. Ils ne laisseront pas échapper l'occasion de mettre ses œuvres à côté de celles des meilleurs maîtres vivants de notre école contemporaine. Avec Japy comme voisin, ceux-ci ne se trouveront pas en mauvaise compagnie.

Paul Eudel.

30 avril 1884.

DÉSIGNATION

1 — *Vieux Frêne après l'orage (Veulettes).*

> Haut., 1 mètre; larg., 81 cent.

2 — *Vallée de Rossillion (Ain).*

> Haut., 81 cent.; larg., 1 mètre.

3 — *Vallée de Cany ; crépuscule.*

> Haut., 81 cent.; larg., 1 mètre.

4 — *Ferme du Haume (Normandie).*

> Haut., 65 cent.; larg., 81 cent.

5 — *Terrains abandonnés (Veulettes).*

> Haut., 65 cent.; larg., 81 cent.

6 — *Route à Veulettes.*

Haut., 5o cent.; larg., 6r cent.

7 — *Avant l'orage (Veulettes).*

Haut., 5o cent.; larg., 6r cent.

8 — *Bruyères de Varangeville.*

Haut., 46 cent.; larg., 55 cent.

9 — *Baie de Saint-Pol de Léon (Bretagne).*

Haut., 46 cent.; larg., 55 cent.

10 — *Ferme du Mesnil (Normandie).*

Haut., 46 cent.; larg., 55 cent.

11 — *Château de Pierrefonds.*

Haut., 46 cent.; larg., 55 cent.

12 — *Mare Beauval (Pierrefonds).*

Haut., 55 cent.; larg., 46 cent.

13 — *Vieux Chemin.*

Haut., 46 cent.; larg., 55 cent.

14 — *Dans la plaine (Villers-Cotterets).*

Haut., 37 cent.; larg., 46 cent.

15 — *Maison du berger (Villers-Cotterets).*

Haut., 31 cent.; larg., 41 cent.

16 — *Vallée de Dieppe ; effet de matin.*

Haut., 31 cent.; larg., 41 cent.

17 — *Brûleurs d'herbes ; soir.*

Haut., 31 cent.; larg., 41 cent.

18 — *Roue de moulin à Martigny (Vallée de Dieppe).*

Haut., 31 cent.; larg., 41 cent.

19 — *Le Morin, près Crécy.*

Haut., 31 cent.; larg., 41 cent.

20 — *Étang de Pierrefonds ; crépuscule.*

> Haut., 31 cent.; larg., 41 cent.

21 — *Genêts à Pierrefonds.*

> Haut., 31 cent.; larg., 41 cent.

22 — *Soir de novembre (Pierrefonds).*

> Haut., 31 cent.; larg., 41 cent.

23 — *Vallée de Veulettes.*

> Haut., 31 cent.; larg., 41 cent.

24 — *Rivière de l'Arques-Varenne ; effet de matin.*

> Haut., 31 cent.; larg., 41 cent.

25 — *Vallon de Martigny ; automne.*

> Haut., 31 cent.; larg., 41 cent.

26 — *Meules de blé ; matin.*

> Haut., 31 cent.; larg., 41 cent.

27 — *Chemin sur les hauteurs (Veulettes).*

> Haut., 31 cent.; larg., 41 cent.

28 — *Genêt en fleur (Forêt d'Arques).*

> Haut., 31 cent.; larg., 41 cent.

29 — *Brumes d'automne (Franche-Comté).*

> Haut., 31 cent.; larg., 41 cent.

30 — *Marais de la Somme.*

> Haut., 31 cent.; larg., 41 cent.

31 — *Village au printemps (Franche-Comté).*

> Haut., 31 cent.; larg., 41 cent.

32 — *Vallon en octobre (Pierrefonds).*

> Haut., 41 cent.; larg., 31 cent.

33 — *Crépuscule (Vallée de Veulettes).*

> Haut. 41 cent.; larg., 31 cent.

34 — *Verger én fleurs (Veulettes).*

Haut., 41 cent.; larg., 31 cent.

35 — *Bouleaux (Prairie de Malesherbes).*

Haut., 41 cent.; larg., 31 cent.

36 — *Marécage (Picardie).*

Haut., 31 cent.; larg., 41 cent.

37 — *Pommier dans la brume (Vallée de l'Aisne).*

Haut., 41 cent.; larg., 31 cent.

38 — *Printemps en Normandie.*

Haut., 41 cent.; larg., 31 cent.

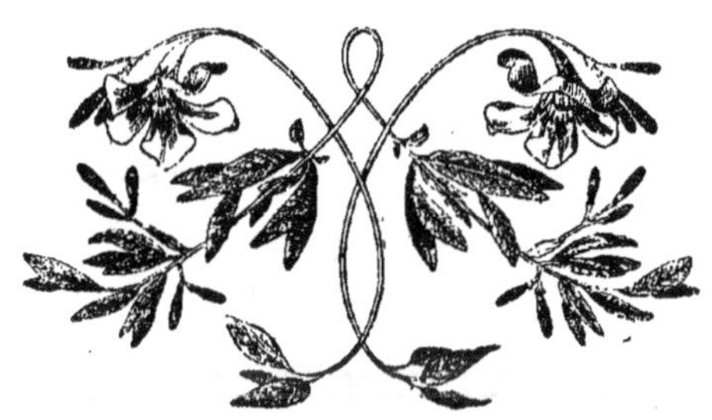

L. JAPY

GALERIE
des
ARTISTES MODERNES
5, rue de la Paix

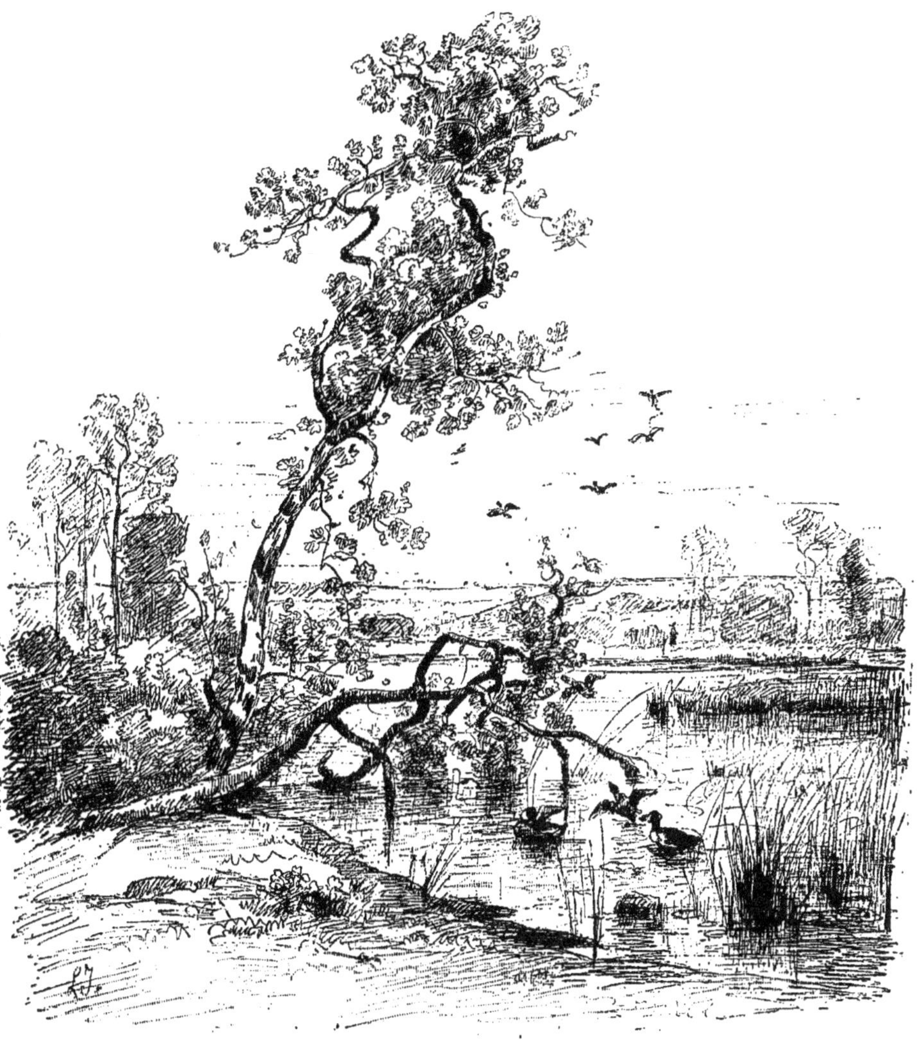

Paris. — Imprimerie Alcan-Lévy

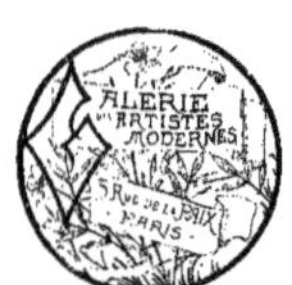

Paysages

PAR

L. JAPY

EXPOSITION
Du 10 au 31 Mars 1886
De 10 heures à 5 heures
DIMANCHES EXCEPTÉS

1 PRINTEMPS A CAROLLES; *Manche.* H. 1.00 — L. 0.82

2 SUR LA FALAISE. H. 0.66 — L. 0.80

3 LE RUISSEAU. H. 0.65 — L. 0.54

4 MOIS DE MAI A CAROLLES. H. 0.65 — L. 0.54

5 LE RAVIN AU CRÉPUSCULE. H. 0.61 — L. 0.50

6 APRÈS-MIDI D'ÉTÉ A CAROLLES H. 0.50 — L. 0.61

7 LES DUNES A SAINT-JEAN. H. 0.46 — L. 0.55

8 VERGER EN PICARDIE; *printemps.* H. 0.46 — L. 0.55

9 CHÊNE AU BORD DE L'ÉTANG. H. 0.46 — L. 0.55

10 LE VALLON DU LU. H. 0.46 — L. 0.55

11 LES AJONCS SUR LA FALAISE. H. 0.31 — L. 0.41

12 VILLAGE DE THÉSY; *Picardie.* H. 0.31 — L. 0.41

13 VILLAGE DE VAUMOISSON; *Manche.* H. 0.31 — L. 0.41

14 MARAIS A LONGPRÉ. H. 0.31 — L. 0.41

15 ETANG D'HAILLE. H. 0.31 — L. 0.41

16 CHAUMIÈRES A CAROLLES. H. 0.31 — L. 0.41

17 MATINÉE DANS LES ÉTANGS DE THÉSY. H. 0.31 — L. 0.41

18 VILLAGE AU CRÉPUSCULE. H. 0.31 — L. 0.41

19 MARAIS DE LONGPRÉ; *brouillard.* H. 0.31 — L. 0.41

20 CHEMIN A CAROLLES; *crépuscule.* H. 0.41 — L. 0.31

21 CLOCHER DE CAROLLES. H. 0.18 — L. 0.24

22 LES BRUMES D'AUTOMNE. H. 0.18 — L. 0.24

N. B. — Ce Catalogue servira de Carte d'entrée

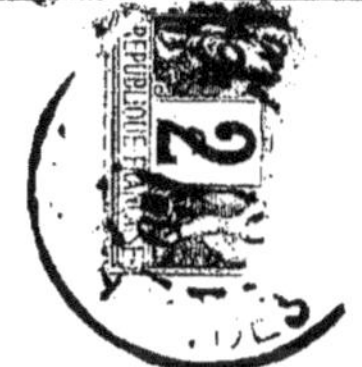

Salle IX, à l'hôtel Drouot, a été vendue hier mardi, à quatre heures, par les soins de M° Chevallier, assisté de M. Georges Petit, une réunion de trente-huit tableaux du peintre paysagiste Japy. Le produit de la vente a été de 23 425 francs, et nous avons surtout remarqué les enchères suivantes :

Numéro 1. Vieux frêne après l'orage, 1,850 francs ; n° 9. Baie de Saint Pol de Léon, 1,605 fr.; n° 2. Vallée de Rossillion (Ain), 1,620 fr.; n. 4. Ferme du Haume (Normandie), 1,230 fr.; n° 6. Route à Veulettes, 910 fr.; n° 3. Vallée de Cany; crépuscule, 900 fr.; n° 5. Terrains abandonnés (Veulettes), 900 fr.; n° 11. Château de Pierrefonds, 820 fr.; n° 12. Mare Beauval, à Pierrefonds, 850 fr.; n° 10. Ferme du Mesnil (Normandie), 730 fr., etc.

			.1 25	MIDI.. cpt	1207 50	1
				500 f. — J. janv.-juillet. terme	1205 ..	1
		10		NORD.. cpt	1750 ..	1
		.5		500 f. — J. janv.-juillet.. terme	1747 50	1
		.2 50		ORLÉANS... cpt	1310 ..	1
		.2 50		500 f. — J. avril-octobre. terme	1310 ..	1
				OUEST... cpt	813 75	
				500 f. —J. avril-octobre. terme	815 ..	
		.2 50		GAZ PARISIEN.................................... cpt	1460 ..	1
		.2 50		250 f. —J. avril-octobre. terme	1460 ..	1
		.2 50		TRANSATLANTIQUES............................... cpt	502 50	
.2 50				500 f. —J. janvier-juillet. terme	500 ..	
		.2 50		ALLUMETTES.325 f.p.J. avril 75 cpt	527 50	
		12 50		SUEZ.. cpt	2132 50	2
		17 50		500 f. — J. janvier-juillet. terme	2135 ..	2
				DÉLÉGATIONS..................................... cpt	1927 50	1
.1 25				r.2.500 f. —J. janv.-juillet terme	1928 75	1
	50			AUTRICHE 4 0/0................................. cpt	85 35	
	50			HONGROIS 6 0/0 or............................. cpt	103 50	
		3		DETTE D'ÉGYPTE UNIFIÉE 7 0/0. cpt	832 ..	
		.3 75		Jouiss. mai-novembre. terme	833 75	
	20			ESPAGNE 4 0/0 extér. J. juill. cpt	61 10	
			20	ITALIEN 5 0/0.................................. cpt	97 10